I0701456

Mis 25 años con Barbie
Mi experiencia como coleccionista.

Introducción:

Quedan muy atrás los años en que escribí "Mis 20 años con Barbie, consejos para principiantes". Actualmente reconozco que toda información evoluciona tan rápidamente que mis consejos de entonces me atrevería a decir caducaron o cambiaron a los 5 minutos de publicarlos. Me gusta pensar he aprendido la lección y ahora, más que una guía, diría que publico sólo unas páginas contando como viví yo mi propia experiencia, las diferentes soluciones que apliqué a los pequeños problemas encontré en el camino y como sin apenas percibirlo, me encontré con la colección actual.

He añadido algunos consejos animando a los coleccionistas principiantes, pero son más unos conceptos básicos, un primer paso para los que empiezan desde cero y desde un punto de vista muy personal basándome en mi experiencia, nada nuevo no pueda encontrarse mucho más extendido en cualquier blog o página dedicada a Barbie. Si fuera tu caso y sólo necesitas una orientación concreta, un lugar desde el cual empezar, siquiera es necesario leas estas páginas, puedes contactar conmigo a través de Instagram "MarcosSecretwWorld" o en Facebook "Marcos Juan Quesada" e intentaré aconsejarte lo mejor que pueda.

Y por último, lo reconozco, también lo he escrito un poco egoístamente, recreándome una vez más en la ilusión que me impulsó en su día a cruzar al otro lado del espejo e introducirme en "el mundo mágico de Barbie" como lo describían los anuncios de la época.

Y empezamos ya...

1. Un poco de historia:

Barbie nació a mediados del siglo pasado de manos de una señora llamada Ruth Handler, resumiendo de forma sencilla, esta señora estadounidense propietaria de una pequeña entonces empresa de juguetes se encontraba de vacaciones en Alemania cuando le llamó la atención una muñeca más destinada a un público adulto que representaba el cuerpo de una mujer adulta.

Como tan genialmente se muestra en la película Barbie del 2023 (te aconsejo la veas si aún no lo has hecho, es más profunda de lo que parece) fue más una revolución que un juguete nuevo. Las mujeres en aquellos años, por mucho ahora nos cueste comprenderlo, eran más consideradas como "ciudadanos de segunda", desde que nacían las adoctrinaban y restringían a simplemente ser amas de casa al cuidado de sus hijos y pocos roles más le estaban permitidos. Piensa sobre ello, imagina como sería la sociedad actual si desde el principio de los tiempos, no hubiéramos anulado el potencial de tantas mujeres que tanto hubieran podido aportar a nuestro mundo.

Y ahi es donde Ruth Handler puso su gran granito de arena, creó una muñeca que no limitaba a las niñas a soñar con bebés que cuidar, sino que creó una adulta que las hacía soñar con lo que ellas podrían llegar a ser. Cambió el concepto de mujer "creada a partir de la costilla de Adán" a mujer entidad propia. Repito que es difícil en la sociedad actual comprenderlo pero así estaban las cosas entonces.

Y no lo tuvo nada fácil, cuando creces en un entorno en el que todo el mundo da por hecho por los siglos de los siglos que la tierra es plana, si de repente llega alguien y dice es redonda… que se prepare. No le ayudaremos a expresar sus ideas o conceptos porque nos resultan molestos a nuestra realidad, iremos a por él/ella y no pararemos hasta hacerlo desaparecer (Darwin, Galileo….). Y así funcionamos, sólo aceptamos lo que estamos preparados para asimilar, es simplemete la naturaleza humana.

Te aconsejo busques información sobre esta señora, siempre fue una luchadora que supo adaptarse al paso de los tiempos y lo más importante de todo, aunque al final el sistema consiguió derrotarla y la echaron de su propia empresa, fue ella la que ganó porque cambió toda una sociedad.

2. Unos pequeños consejos para la compra.

Mis consejos son muy básicos y lógicos, siempre busca el mejor precio en las mejores plataformas, actualmente Amazon, Ebay e incluso la página oficial de Mattel, que sirve practicamente ya en todo el mundo (https://creations.mattel.com). Si estas en Europa y te animas a comprar en Ebay EEUU donde siempre encontrarás mejor surtido, aconsejo busques los vendedores te ofrecen añadir los gastos de aduana al final de tu compra, de esta forma estarás pagando el precio real sin más sorpresas. Si vendedores individuales no te ofrecen este servicio te encontrarás con que cuando la muñeca llegue a tu país el servicio de aduanas se pondrá en contacto contigo para que les facilites facturas y pruebas de pago. No es sólo la molestia sino que deberás añadir algún gasto más por tramitación, y en algunos casos, me he encontrado con que dicha cantidad supera el valor de la muñeca.

Otro consejo daría es que, si como casi todos los coleccionistas, dispones de un presupuesto limitado para tus nuevas Barbies, antepongas la compra de las que te gustan en las recién salidas al mercado, siempre encontrarás precios mucho más competentes que las de fechas más antiguas de las que ya quedan pocas y los precios suelen ser bastante más elevados.

Barbie Pink Splendor 1.996

3. Barbie como inversión.

Lo sé, puede que suene algo sorprendente, pero si hay algo yo pueda aportar de verdad es la perspectiva que me otorga el tiempo. Me gustaría hacer comprender a los coleccionistas más jóvenes que el tiempo no se detiene y puedan aprovechar su pasión para que con el paso de los años, no sólo sigan disfrutando de la belleza de las muñecas de su colección sino que además se conviertan en auténticos tesoros.

Hace ya muchos años, antes de retirar mi tienda de Barbies online, me llamó mucho la atención que me compraran una de las muñecas más caras que entonces tenía a la venta, no voy a decir qué modelo era ni nacionalidad de el comprador porque nada más lejos de mi voluntad que exponer aquí datos de los demás. Pero si me llamó mucho la atención que me comunicara a través de su madre porque el comprador era tan joven que apenas dominaba el idioma inglés (no era su idioma natal). Después de muchos emails, descubrí a una madre orgullosa de su hijo que había invertido los ahorros de su hucha cerdito de varios años en un juguete que no sólo le apasionaba sino que estaba dispuesto a conservar dentro de su envoltorio y resistir la tentación de abrirlo y jugar con él.

Sinceramente, desconozco si realmente no fue más una decisión de los padres o si el comprador era realmente un pequeño genio, lo que sé seguro es que, después de 15 años, no sólo la muñeca hace siglos que dejó de estar a la venta, sino que esta persona podría llevarla a subasta sin problemas, el último modelo que se vendió online hace más de 5 años ya multiplicaba por 10 el precio que este niño entonces pagó por ella.

Eso si, si tu motivo para el coleccionismo es más el buscar un rendimiento, debes tener claro que se trata de una inversión a muy, muy largo plazo. En Francia aplican a sus bodegas donde el vino envejece la expresión "argent en dormant" (dinero durmiendo). Nunca emplees un dinero vayas a necesitar a corto plazo y justifiques la compra de una muñeca adoras como una inversión, y a los 4 dias de comprarla la pongas ya a la venta, esto es algo he visto mucho. Te encontrarás con que el interés por comprarla es casi nulo y en algunos casos, al necesitar los compradores de forma urgente recuperar su dinero, se han visto obligados a venderlo incluso por debajo de su valor. Cuidado con estas pequeñas trampas.

Y estas son las muñecas que desde el punto de vista de inversión pueden resultar más interesante:

Barbies de convención.

Son una buena idea, las convenciones son simplemente unas agrupaciones de gente coleccionista donde durante unos días crean varios eventos alrededor del mundo Barbie (concursos, exposiciones, cenas...).. También, según el tipo de suscripción contrates, puede incluir una muñeca especial de regalo que solamente podrás adquirir en este tipo de reuniones. En España tenemos la de Madrid pero las hay también el Paris, Roma… En EEUU son más frecuentes pero eso también puede restar valor a la muñeca oficial, mi consejo es te informes y acudas a aquellas donde Mattel esté detrás de la organización.

    Sinceramente yo nunca me he animado a ir a ninguna por mi naturaleza tímida pero si
eres una persona sociable vas a sacar mucho partido de estos eventos porque conocerás
gente encantadora con tus mismas aficiones, obtendrás una Barbie única y encima
tendrás la experiencia vital. Otro pequeño consejo es que tengas en cuenta las fechas y
planees con adelanto tus billetes avión, hotel y demás, pero esto es como cualquier otro
viaje.

Barbie "Old West", 2.000   National Convention, Tulsa (Oklahoma)

Barbie "Reine de la Nuit" 2.013 Convention

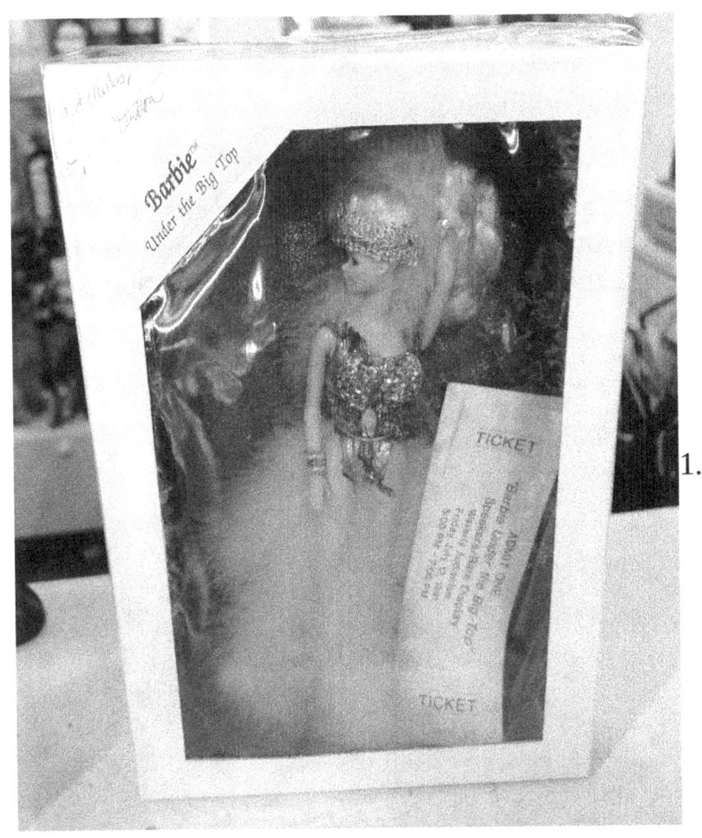

Barbie "Under the Big Top"
1.991

Barbie "Masquerade"
2.005

Barbies ediciones muy limitadas o Platinum.

    Son las que lanzan menos unidades y, por tanto, las que más rápidamente desaparecerán de la venta. Si son muy demandadas estate atento a la precompra en la tienda Mattel online (https://creations.mattel.com), ya que puedes encontrarte con la sorpresa de que en el momento del lanzamiento y puedas ya comprarla, por rápido que seas, te de la opción "agotado" porque todas las unidades están ya vendidas en la preventa. Esto es algo que frustra mucho a los coleccionistas y que yo mismo he experimentado varias veces.

Barbie Karl Lagelfeld, 2.014

Barbie "Philipp Plein" 2.009

Barbie y Ken "Zac Posen" 2.006

4. La gran variedad del universo Barbie.

Son muchas las diferentes colecciones que Mattel ha ido lanzando a lo largo de los años y a veces resulta un poco confuso y te sientes perdido cuando por primera vez descubres este mundo. Es como si te gustaran los dulces, estuvieras acostumbrado a la variedad limitada de cualquier supermercado y de repente te ofrecieran la llave de el mundo mágico de Wonka, simplemente te sientes desbordado con tanta variedad que te sobrepasa, no puedes abarcar con todo en un segundo por mucho que lo desees. Así, que tomate un descanso, respira hondo y empieza a descubrir e investigar poco a poco, como siempre internet es una joya muy valiosa, ahí encontrarás fotografías e información de casi todas las versiones han existido, pero recuerda es un universo demasiado extenso que cada año sigue creciendo, cada vez de forma más variada y así desde los años 50 en que se creó.

En mi primer manual me atreví a clasificarlas por secciones "Cine, silkstone, platinum, históricas…" pero actualmente la variedad ha crecido tanto y sigue haciéndolo tan rapidamente que resulta casi imposible hacerlo de forma tan esquematizada y abarcarlas todas Así que sólo nombraré las clasificaciones que yo hice personalmente, siendo consciente de que cada cual tiene sus propios criterios, todos validos.

Son interesantes las que son de **colecciones cruzadas**, ya que su interés atrae a coleccionistas de diferentes mundos. Por ejemplo, Barbie Coca Cola, Harley Davidson, Twilight… atraen tanto a coleccionistas de la marca o saga como a los de la muñeca. Otro ejemplo, y una de mis favoritas, es la Barbie Claudia Schiffer Versace, interesará tanto a coleccionistas de la muñeca, los fans de Versace y por supuesto a los de la modelo. No sé si se podrá comprar actualmente aún a un precio razonable pero estoy más que convencido de que va a ser una de las más buscadas en el futuro.

Barbie Harley Davidson 1.997

Coca Cola Collection "After the Walk" 1.997

Barbie The Museum Collection
"Leonardo da Vinci" 2.010

Una de las colecciones más extensa y que cada año sigue creciendo, sin duda, son las Barbies **especiales de Navidad**. Empezaron con Happy Holidays 1988, en mi opinión fue la primera que empezó todo el mundo del coleccionismo ya que consiguió desviarse de el tradicional mercado para niños y atraer la atención de un público más adulto. Para ya entonces existía una gran cantidad de antiguos compradores que habían crecido jugando con ella y recibieron con manos abiertas esta novedad más pensada, tanto por la caja expositora como por el precio, para estar expuesta que para jugar con ella.

Luego los nombres fueron cambiando y añadiendo más ediciones navideñas como la colección New Year, a la vez que amigas de Barbie se fueron sumando (Teresa.) o incluso actualmente cada edición no puede faltar con tres versiones diferentes de una misma muñeca (pelo rubio, castaño y negro). Son de las más vendibles ya que representan una época del año muy especial, son realmente bellas pero no las considero buenas desde el punto de vista del coleccionismo, ya que las tiradas son enormes y las venden en cualquier supermercado, eso si, los trajes son preciosos y son perfectas para sacar de la caja y probar sus trajes tan espectaculares con tus barbies favoritas :-)

Barbie 1988 "Happy Holidays" expuesta sin caja.

Barbie "Happy Holidays" 1.997

Barbie "Holiday Jewel" 1.995
(Holiday Porcelain Collection)

Otra colección interesante son las **Silkstone**, un material parecido a la porcelana, más clásicas, formales y elegantes con trajes vintage que imitan más el estilo de las Barbies años 50/60. Suelen ser de tiradas más bajas pero también sus precios suelen ser más altos y algunas apenas salen ya están agotadas.

Varios modelos diferentes Silkstone (Gian Franco Ferré, Mad Men…)

Grace Kelly "The Bride"
2.010

Audrey Hepburn "Sabrina" 2.012

Barbie "Boater Ensemble" 2.013

La colección de **diseñadores** es realmente llamativa, desde Dior a la famosa Karl Lagerfeld, sería complicado decidirse por una. Y es una gran oportunidad para los grandes admiradores de estas firmas poder tener en tu casa algo tan bello que admirar a un precio asequible, aunque sea en miniatura. Son muchas las firmas han colaborado con Barbie : Oscar de la Renta, Versace, Yves Saint Laurent, Burberry, Moschino, Bob Mackie, Armani, Juicy Couture… y la lista sigue creciendo cada año.

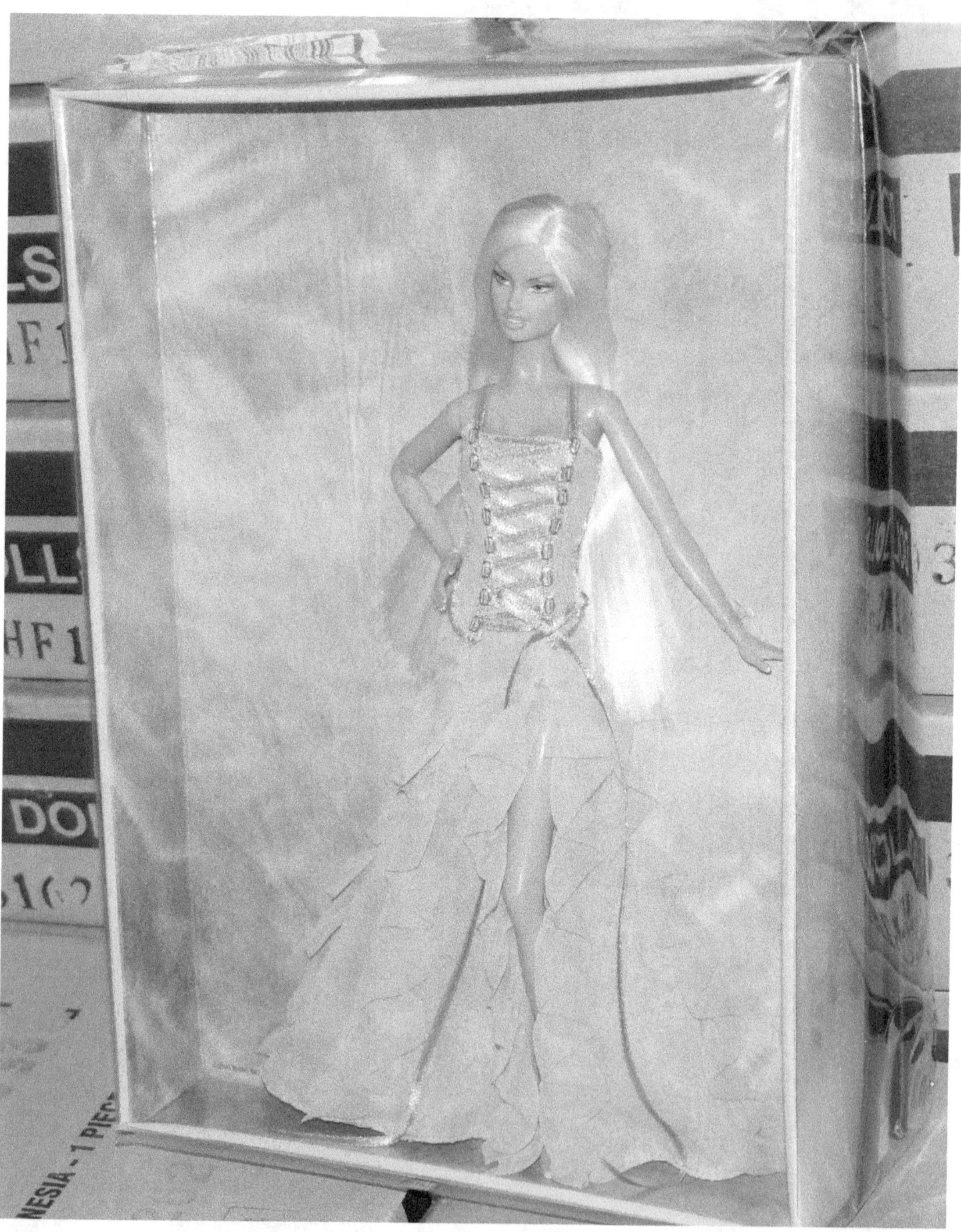

Barbie "Versace" 2.004

Barbie "Tarina Tarantino" 2.008

Barbie "Christian Dior" 1.996

"Moschino"
2.015

Barbie "Pertegaz" 1.988

Otro apartado de mis favoritas son las dedicadas al **mundo del cine** y probablemente sean las más coleccionadas. Aqui encontrarás desde Marilyn Monroe, Audrey Hepburn, Vivien Leigh, Grace Kelly, Elizabeth Taylor, Margot Robbie y los principales personajes de la película Barbie, Joan Collins y Linda Evans en sus roles de Alexis y Dinastia (como buen ochentero unas de mis favoritas). También tenemos a los Munster, la Familia Addams, James Bond, la saga DC: Superman, Batman, Wonder Woman…una lista interminable.

Alexis Colby en Dinastia, 2.010

Grace Kelly "To Catch a Thief" 2.011

Scarlett O´Hara "Gone with the Wind" 2.013

Barbie "Lord of the Rings" 2.003

Marilyn Monroe " Happy Birthday MR President" 2.001

Importante es también la colaboración de Barbie con **Disney:** Sleeping Beauty, Cinderella, Beauty and the Beast… En este apartado muchos coleccionistas incluyen todos los muñecos Disney fabricados por Mattel aunque no especifiquen el nombre Barbie en la caja, como las diferentes versiones de Mickey y Minnie, Cruella de Vil, Peter Pan…

"Mary Poppins Returns" 2.018

Barbie "Cinderella" 1.996

Barbie "Sleeping Beauty" 1.997

A lo largo de los años he observado que tienden a tener mucho éxito las series dedicadas al mundo de la **fantasia** (busca fotografias online de "Haunted Beauty" "Fantasy Goddess" "Mythical Muse" Collection). Aunque reconozco que también puede que se deba a que a mi personalmente son de las que más me atraen y haya estado más pendientes de estas ediciones mientras que otras colecciones, probablemente más interesantes para otros coleccionistas, me hayan pasado más desapercibidas. Es un mundo muy amplio pero siempre encontrarás ese apartado que te interesará especialmente o te llamará más la atención.

"Zombie Bride" 2.015

"Lady of the Unicorns" 2.007

"Vampire" 2.013

"Countess Dracula" 2.011

Barbie "The Mermaid" 2.011

"Cleopatra" 2.010

"Dia de los Muertos" 2.019

Para los más clásicos tenemos también todas las nuevas versiones de Barbies **reedición**, copias perfectas de ediciones anteriores y que actualmente resultarian casi imposible de encontrar ("Campus Spirit", "My Favorite Ken", "Swirl Ponytail"…)

"Campus Spirit" 2.018

"Swirl Ponytail" 2.009

"Campus Sweetheart" 2.007

"My Favortie Ken" 2.010

Pero hay muchos puntos de vista, cada cual tenemos nuestros gustos y hay mil criterios diferentes para clasificar un modelo en un apartado u otro. Por ejemplo, yo encuentro muy interesante todas las ediciones que incluyen un **Barbie y Ken** (o dos Barbies… esperando algún día dos Kens) en el mismo expositor, algunas cajas son auténticos dioramas (Barbie Ken Zac Posen, Wonder Woman "Paradise Island"…)

"James Bond" 2.002

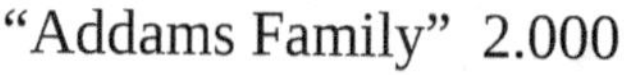

"Addams Family" 2.000

"Royal Wedding" 2.012

"The Waltz" 2.003

"Juicy Couture" 2.004

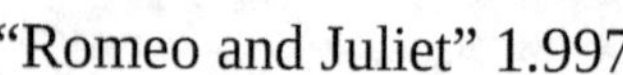

"Romeo and Juliet" 1.997

5.- Conservación.

Este apartado para mí es muy importante. El tiempo transcurre sin que lo adviertas y, por muy bien trates a tu muñeca sin sacar de su envoltorio, simplemente la exposición a la luz del sol, el polvo o incluso la humedad puede alterar el estado exterior de la caja sin que apenas lo adviertas año tras año. Para evitar esto yo utilizo plástico transparente de el que usan en las floristerías para envolver los ramos de flores, es bastante duro y te evita cualquier posible daño. Otra solución más práctica y sencilla es el film transparente que utilizamos para envolver la comida y que venden en cualquier supermercado.

Si prefieres orientar tu colección a Barbies sacadas de su envoltorio sí que recomendaría las expusieras en vitrinas ya que sin caja serán mucho más vulnerables al polvo y demás elementos. Estoy hablando desde mi experiencia viviendo en España, he conocido coleccionistas cuyas muñecas han llegado no solo a decolorarse por estar expuestas al Sol sino incluso a deformarse por un extremo calor. Si vives en un clima frio por supuesto no debes preocuparte por estos inconvenientes, simplemente evita tenerlas cerca de fuentes de calor como radiadores y demás.

6. "Jugando" con Barbie.

Todos hemos tenido Barbies que nos han fascinado tanto que no hemos podido resistirnos a sacarla de su envoltorio, sentimos ese impulso que nos obliga a querer tocarla y tenerla expuesta sin cajas de por medio.

Si es tu caso, no te resistas a ello, yo siempre tengo mis favoritas, tanto trajes como muñecas. Como buen apasionado del cine clásico os aseguro que para mi no hay mayor satisfacción que descubrir como se verían Elizabeth Taylor o Vivien Leight con un atuendo diferente. En la portada de mi primera guía teneis un ejemplo de ello, usé Barbie Elizabeth Taylor White Diamonds (2000) con traje de Elizabeth Queen "Great eras collection" (1996). O para los más jóvenes, imaginaos a Margot Robbie o tu Barbie favorita con un traje de Cleopatra, Versace, Dior…. Por supuesto lo mismo se aplica con Ken, creerme, las combinaciones son infinitas.

También animo a los más creativos a que creeís vuestras propias ediciones, denominadas OOAK, del inglés One Of A Kind (solamente una). Es algo que yo no me veo capacitado para hacer, pero he visto coleccionistas que no se conforman con hacer sus propios diseños para vestir la muñeca sino que van un poco más allá y se atreven a borrar los rasgos de la cara y redibujarla siguiendo su propia imaginación. En youtube puedes encontrar varios vídeos instructivos sobre esta técnica. Como en todo, aconsejo mucha paciencia y no te dejes desalentar por los primeros resultados, después de todo Miguel Angel no pintó la capilla Sixtina en un primer día. He visto Barbies OOAK que son auténticas obras de arte y dependiendo de la pericia del artista, pueden llegar a superar en belleza a la edición más limitada y eaborada de Mattel.

Barbie "Evita" OOAK

Elizabeth Taylor con traje "Solo in the Spotlight" 1.994

Barbie actual con traje "Egyptian Queen" 1.993

Mi anterior guía (2.019)

7. Otras muñecas me llamaron la atención.

- Franklin Mint.

Para mí que soy un fan de lo clásico las encuentro realmente interesantes, hay toda una serie a Diana, princesa de Gales, de una perfección increíble, también grandes actrices como Vivien Leigh. Marilyn Monroe o Grace Kelly. Son de un tamaño ligeramente superior a Barbie, unos 40 cms. Lo positivo de coleccionarlas es que no tienen tantos seguidores y si sabes buscar puedes encontrar alguna a un buen precio. Si vives fuera de EEUU es más complicado porque las pocas yo he podido encontrar ha sido en Ebay.com y los gastos de envío más aduana muchas veces multiplican el precio de la muñeca.

Rose "Titanic" en material vinilo.

"Diana de Gales" en porcelana.

"Galadriel" Señor de los Anillos, en porcelana.

- Monster High.

Al principio me resistí, pero hay tantas ediciones me llamaron la atención que he terminado sucumbiendo y alguna que otra he añadido a mi colección. Es otro mundo, son también de Mattel y aunque empezaron en época relativamente reciente han conseguido ya una variedad realmente grande.

"Daughter of Pinocchio" Ever After High

Cleo and Deuce "Howliday Love Edition"

- Madame Alexander.

Muy poco conocidas en Europa y muy difíciles de conseguir.

Greta Garbo "Camille"

Marlene Dietrich "Shangai Express"

8 – Exposición.

A lo largo de los años he ido adaptándome a los sitios en los que he vivido y al número de muñecas he ido coleccionando. Al principio de los tiempos cuando vivía en un apartamento minúsculo en Madrid y apenas contaba don 4 o 5 muñecas, simplemente las exponía en una librería dejando los libros detrás y dejándolas a la vista en un primer plano.

Luego la colección fue tomando vida, fue creciendo y tuve que optar por almacenarlas en rincones perdidos de armarios, altillos... Terminé incluso alquilando trasteros donde estaban ordenadas en cajas de mudanza donde apenas podía disfrutar de ellas.

Las circunstancias cambiaron cuando decidí cambiar de aires, volví a mi pueblo natal y aquí encontré un sótano enorme, hubiera sido igualmente perfecto para una bodega pero para mí resultó ser perfecto: no sólo tenía espacio para exponerlas sino que las condiciones para la conservación eran ideales, no luz natural que pudiera decolorarlas y a salvo de polvo o un excesivo calor.

En un principio conseguí exponerlas dentro de vitrinas, hay ciertos modelos de Ikea muy económicos y que encontré perfectos, pero seguí no pudiendo resistirme a las novedades. 15 años después reconozco apenas tengo ya espacio para más expositores. Una solución encontré fue utilizar paredes enteras, ordenarlas de más pesadas abajo a más ligeras aariba para evitar sobrepeso. La solución es muy sencilla y espectacular y te la recomiendo si dispones de una pared libre en tu casa u otro lugar. Aconsejo no empezar a exponerlas en contacto directo con el suelo, unas simples tablas de madera pueden servir de base.

Por supuesto si disponeis de el espacio y los medios suficientes para exponerlas en mejores condiciones pues adelante, ya os digo que lo mio siempre fueron más soluciones extremas de "adaptacion al medio" :-)

Diferentes Barbies de diseñadores y del mundo de la moda.

En vitrinas izquierda Barbies expuestas sin caja.

Centro muñecas Franklin Mint de porcelana expuestas sin caja.

Izquierda en columna, clásicos del cine.

Derecha, colección cantantes de todos los tiempos.

Karl Lagerfeld, Moschino y algunas más de mis favoritas.

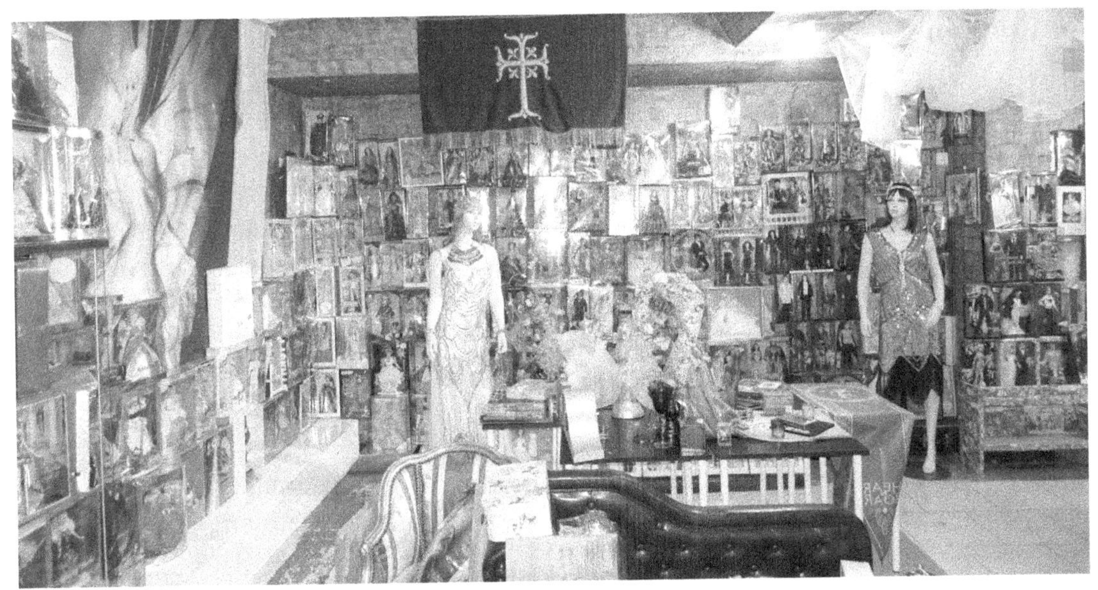

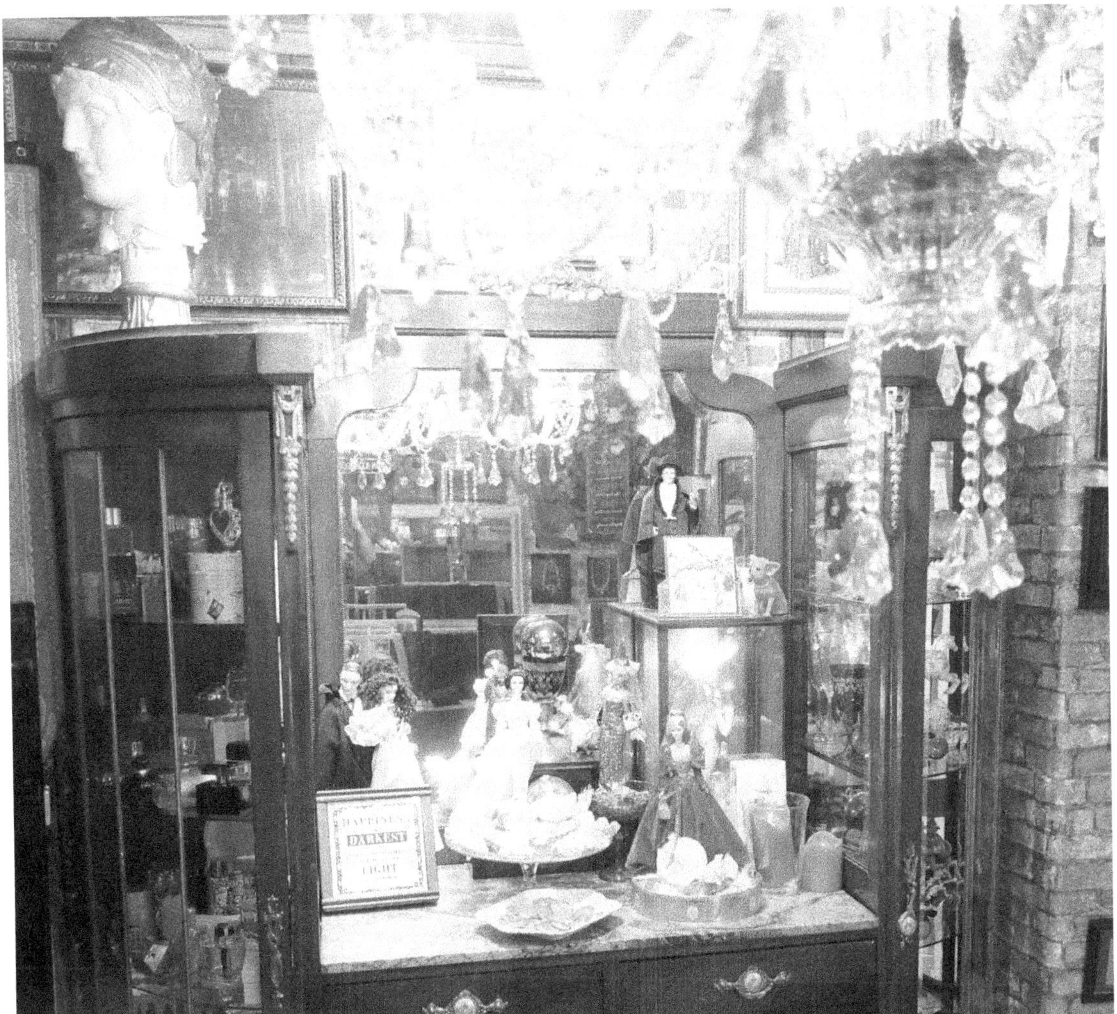
HAPPINESS
DARKEST
LIGHT

En un mundo tan diverso como el actual, con tantas realidades conviviendo en un mismo tiempo, a veces resulta complicado expresar una opinión sin que alguien se sienta ofendido. Si eso fuera así, tanto en algo que he escrito en estas páginas como en mi anterior guía, nada más lejos de mi intención. Y por favor, comprender esta es sólo la visión de un coleccionista particular con una visión muy limitada de "su mundo", ninguna afirmación es verdad absoluta y seguro que todo lo que he escrito es más que discutible según el punto de vista de cada uno :-) Si os sentís animados a hacerme cualquier comentario o consulta os repito mis datos: Instagram "MarcosSecretWorld" o en Facebook "Marcos Juan Quesada"

Con todas las diferentes opciones actuales que existen en el mundo para informarte sobre el universo Barbie sólo me queda agradecerte el tiempo hayas empleado ojeando estas páginas aunque sólo hayan sido unos segundos.

Cuidaos y que disfrutéis mucho con todas las futuras ediciones de Barbie :-)